사진 출처
- 80쪽 본 저작물은 기상청에서 작성하여 공공누리 제1유형으로 개방한 저작물을 이용하였습니다.
- 84쪽 무용총 벽화, 본 저작물은 국립중앙박물관에서 작성하여 공공누리 제1유형으로 개방한 원판번호 無485-1을 이용하였습니다.
- 85쪽 개성 첨성대, 본 저작물은 국립중앙박물관에서 작성하여 공공누리 제1유형으로 개방한 원판번호 390200을 이용하였습니다.
- 84쪽 강화부근리지석묘(Hairwizard91), 85쪽 경주 첨성대(Zsinj), 86쪽 천상열차분야지도, 87쪽 자격루(Kai Hendry), 앙부일구(Jocelyndurrey), 위키피디아

우리 하늘을 연구한 과학자 이원철

초판 5쇄 발행 2023년 3월 5일

지은이 유영소 **그린이** 수봉이 **감수** 이강환
펴낸이 정혜숙 **펴낸곳** 마음이음

책임편집 이금정
등록 2016년 4월 5일(제2016-000005호)
주소 03925 서울시 마포구 월드컵북로 402, 9층 917A호(상암동 KGIT센터)
전화 070-7570-8869 **팩스** 0505-333-8869
전자우편 ieum2016@hanmail.net
블로그 https://blog.naver.com/ieum2018

ISBN 979-11-89010-52-2 73990
      979-11-960132-3-3 (세트)

ⓒ 유영소 수봉이 2021
이 책의 내용은 저작권법의 보호를 받는 저작물이므로 무단전재와 복제를 금합니다.

어린이제품안전특별법에 의한 제품표시
제조자명 마음이음 **제조국명** 대한민국 **사용연령** 만 9세 이상 어린이 제품
KC마크는 이 제품이 공통안전기준에 적합하였음을 의미합니다.

우리 하늘을 연구한 과학자
이원철

유영소 지음 | 수봉이 그림 | 이강환 감수

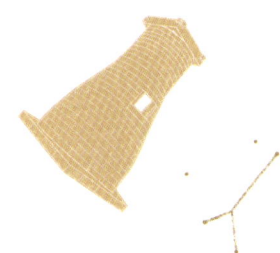

마음이음

차 례

프롤로그 · 8

에타별이 너무 궁금해! · 10
조선에서 천문학을 하시겠다고요? · 28
이원철을 쫓아내라! · 44
우리 하늘은 우리가 · 60

에필로그 · 78
더 알아보기 · 80
작가의 말 · 88

프롤로그

안녕!

밤하늘을 수놓은 별마다 이름이 있다는 걸 알고 있니? 별자리는 알고 있겠지? 내 이름은 독수리자리의 에타별이야. 독수리자리 왼쪽 날갯죽지에 있지.

내가 보이니? 나는 별명도 있어. 바로 원철성이지. 원철이 누구냐고? 지금부터 이야기를 들려줄게. 귀 기울여 봐.

에타별이 너무 궁금해!

원철은 밤마다 잠을 못 잤어요. 초여름부터 줄곧 그랬어요. 날씨가 너무 흐리거나 비가 많이 오는 날만 빼고요. 겨울이 오기 전까지 아마도 매일 밤, 잠도 안 자고 쳐다볼걸요.

별을!

아니, 더 정확히는 천체 망원경을!

원철은 밤마다 천체 망원경으로 별을 관측하느라 집에도 안 갔어요. 미시간 대학교 천문대가 자기 방, 천체 망원경 렌즈가 자기 눈 같았지요.

"이것 봐! 내가 이럴 줄 알았다니까."

프리즘 분광기를 들여다보고 한참을 계산하던 원철이 혼잣말을 했어요. 씩 웃기도 했어요. 뭔가 좋은 일이 있나 봐요.

"데이비드! 난 그만 가 볼게."

"데이비드는 피곤하지도 않나 봐."

함께 연구하는 친구들은 원철을 영어 이름인 데이비드라고 불렀어요. 친구들이 하나둘 하품을 하며 천문대를 떠났지만, 원철은 계속 고개를 수그린 채 열중하고 있어요. 스펙트럼 계산이 아직 안 끝났거든요. 계산은 엄청 어려워 보이는데, 계산을 하면 할수록 원철의 얼굴은 더 밝아졌어요.

정말 뭔가 좋은 일이, 아주 좋은 일이 있나 봐요!

원철은 1922년에 미국으로 유학을 왔어요. 1919

년에 연희전문학교(연세대학교의 예전 명칭) 수물과(수학 및 물리학과)를 졸업하고, 수학을 가르치다 다시 학생이 된 거예요. 당시 조선은 일본의 식민지라 살기가 참 어려웠어요. 어디서 무슨 일을 하든 조선이 아니라 일본에 충성하라고 다그쳤으니까요.

연희전문학교 교수들은 원철을 천재라고 믿었어요. 그중에 특히 선교사로 한국에 와서 천문학을 가르치던 벡커와 루퍼스 교수는 원철을 더욱 아꼈지요.

"원철! 벡커 교수님이 힘들어하는 문제를 10분 만에 풀었다며?"

루퍼스 교수가 원철에게 묻는데, 벡커 교수가 먼저 답을 했어요.

"맞아요, 루퍼스 교수님! 제가 아주 쩔쩔매고 있었거든요. 도저히 안 되겠다 싶었는데, 옆에서 보고 있던 원철이 종이에 쓱쓱 계산을 하더니 금방 풀더라

고요. 그 복잡한 걸! 제가 원철한테 배웠다니까요. 원철은 천재예요, 천재!"

벡커 교수의 말에 루퍼스 교수도 맞장구쳤어요.

"나도 예전부터 그렇게 생각했어요. 저번 천문학 특강에서 별빛의 굴절에 대해 설명할 때 계산 방법을 금방 이해하고 정확히 해내더군요."

교수들의 칭찬이 쑥스러워 원철은 조용히 웃기만 했어요. 하지만 마음까지 웃지는 못했어요. 원철은 열심히 공부했지만 늘 마음이 헛헛했어요. 나라를 빼앗긴 지금, 자기가 한 공부가 어떻게 쓰일지 막막하고 두려웠어요. 조선이 아닌 일본을 위해 살아가기는 싫었거든요.

"원철! 미국으로 가서 과학을 더 공부하는 건 어때? 학비며 생활비 걱정은 말고. 자네라면 장학금도 받을 수 있을 거야. 우리도 원철을 도울 테니까."

"더 많이 공부해서 자네가 사랑하는 조국을 위해 일하게. 조선을 위해서 말이야."

벡커 교수와 루퍼스 교수의 추천에 원철은 곰곰 생각하다 결심했어요.

'그래, 서양으로 나가서 근대 학문을 더 공부하자. 그래서 성과를 내어 조선을 알리자. 일본의 속국이 아니라 독립국 조선을 돌아보게 말이야.'

흐릿하기만 했던 자신의 길이 선명해지는 것 같아 원철은 기뻤어요. 그리고 그 어느 때보다 더 마음을 단단히 먹었지요.

원철은 우선 미국 미시간주에 있는 앨비온 칼리지에 편입했어요. 얼마나 열심히 공부했던지 전 과목 A라는 성적으로 1년 만에 졸업한 원철은 미시간 대학교에 다시 입학했어요. 조선에서부터 자신을 이끌어 주던 루퍼스 교수가 천문학을 가르치는 곳이었지요.

"원철! 나는 조선을 좋아하기도 하지만, 한 사람의 과학자로서 조선을 존경해. 이미 삼국 시대부터 있었던 첨성대와 천체를 그려 낸 천문도까지 정말 훌륭한 유산이 많더군. 앞서 천문학을 연구했던 조선이 원철로 인해 더 크게 발전했으면 하네."

　루퍼스 교수의 기대는 원철의 마음에 별처럼 박혔어요. 원철은 반짝반짝 빛나던 조선의 천문학을 잇겠다고 다짐했지요.

　매일 밤 원철이 관측한 것은 9개의 별로 이루어진 독수리자리였어요. 여름철 은하수 가운데에 있는 늠름한 별자리지요. 그중에서도 원철은 독수리의 왼쪽 날갯죽지 부분에 있는 에타별에 관심이 많았어요.

"제가 연구하고 싶은 별은 에타별입니다. 에타별은 별의 밝기가 자꾸 변하는 변광성인데, 그 이유를 아직 모르겠어요. 원래 변광성이라면 쌍둥이처럼 쌍을 이룬 별들이 공전하면서 서로를 가릴 때마다 빛이 약해진다고 알려져 있지요. 그런데 에타별은 쌍성도 아니고, 빛이 변하는 주기도 있어 보입니다. 에타별의 변광 이유를 밝혀 보고 싶습니다."

원철의 말에 루퍼스 교수가 일러 줬어요.

"원철! 섀플리라는 천문학자가 변광성에 대해 새로운 이론을 내놨어. 그걸 참고해서 연구해 보게."

원철은 미국의 천문학자 섀플리의 이론을 토대로 에타별을 관측했어요.

반사 망원경으로 관찰한 에타별의 빛을 분광기로 분산시키면, 별의 온도와 밝기에 따라 분류되었거든요. 그렇게 색색으로 나뉜 스펙트럼을 보며, 원철은 에타별의 빛이 언제 그리고 왜 달라지는지 계산했어요. 빛의 밝기가 달라질 때마다 관측하고 기록하면서 규칙을 찾아본 거예요.

중간에 실수해서 처음부터 다시 계산해야 할 때도 있었지만, 원철은 포기하지 않았어요. 오히려 실수를 알고 바로잡게 된 것이 감사했지요.

계산이 끝나도 몇 번이나 검산하고, 관측한 결과

를 여러 번 반복해서 살폈어요. 그럴 때마다 원철은 조용히 혼잣말을 했어요. 미시간 대학교의 천문대에서 오직 원철만이 알아들을 수 있는 조선말로요.

"섀플러 말이 맞았어!"

"저 혼자 늘어났다 줄어들었다 한단 말이지. 하하하!"

"옳지, 진동하면서 달라졌던 거구나!"

엄청 어려워 보이던 계산이 마무리를 향해 갈수록 원철의 얼굴은 환하게 밝아졌어요. 그리고 마침내 루퍼스 교수에게 연구 성과를 보고하며 활짝 웃었지요.

"에타별은 맥동 변광성입니다. 밝기가 변하는 이유가 맥동 때문이에요. 별 스스로 계속 진동하는 맥동이요. 에타별은 주기적으로 팽창했다가 수축하기를 반복하는 맥동성이고, 그럴 때마다 별의 밝기도 달라져요. 결국 섀플리의 이론이 옳았고, 에타별은 그가 찾는 맥동 변광성이 맞습니다."

원철의 발표에 천문대 연구원들이 환호하며 박수를 쳤어요. 가설과 이론만 내놓은 섀플리의 학설이 사실이라는 걸 원철이 증명한 거예요. 섀플리의 이론을 확인하려는 많은 천문학 연구들 중에서 원철의 것이 가장 앞서고 훌륭했지요. 세계의 천문학자들은 미국천문학회 학술 회의와 학술 잡지에 실린 원철의 논문에 큰 관심을 보였어요.

"정말 잘했어, 원철!"

루퍼스 교수가 감격하며 칭찬하는데도 원철은 그냥 웃기만 했어요. 그리고 이내 생각에 잠겼지요.

그간의 노력이 큰 열매를 맺었으니 으스대고 자랑할 만도 한데, 원철은 벌써 다음 연구 생각에 빠져 있었어요.

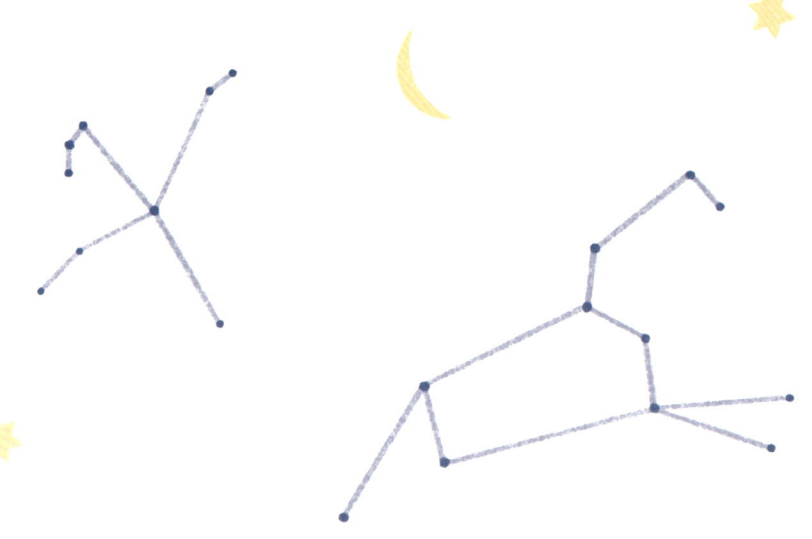

"루퍼스 교수님! 별의 운동 속도를 계산하다가 특이한 점을 발견했습니다. 물체가 눈의 방향으로 가까워지거나 멀어질 때 운동 속도 자체가 변화했어요. 바로 이것 때문에 맥동을 이해할 수 있었습니다. 이번엔 사자자리를 관측해서 이 속도를 연구해 보려고 합니다."

원철이 눈을 반짝이며 말하는데, 루퍼스 교수가 원철의 어깨를 토닥였어요.

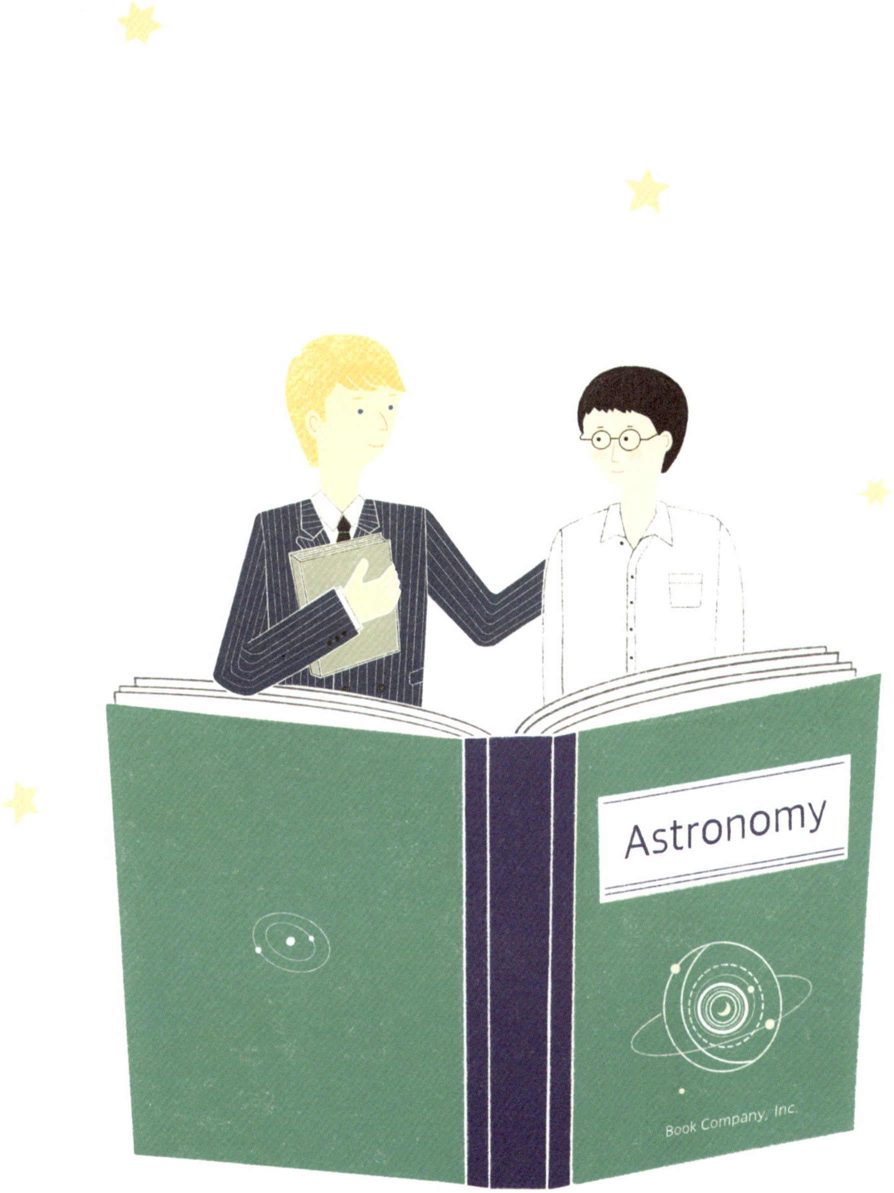
Astronomy
Book Company, Inc.

"원철! 나는 자네를 볼 때마다 몇백 년 전 조선의 천문학자들을 보는 것 같아. 자네처럼 그들도 매일 밤 별을 보며 연구했겠지. 이 아름다운 우주의 규칙을 조선의 언어로 기록하고 계산했겠지. 너는 그들의 자랑스러운 후손이고, 지금 내 옆에 함께 있네. 이건 정말 근사한 일이야!"

루퍼스 교수의 말에 원철도 고개를 끄덕였어요.

동양의 작디작은 나라 조선. 그나마 일본에게 빼앗겨 이름도 잃어버린 조국. 그 조선을 떠나온 젊은 과학자 원철의 눈이 우주 한가운데를 누비고 있어요. 바로 그 눈에 조선 천문학자들의 눈이 겹쳐 있다고 원철은 생각했어요.

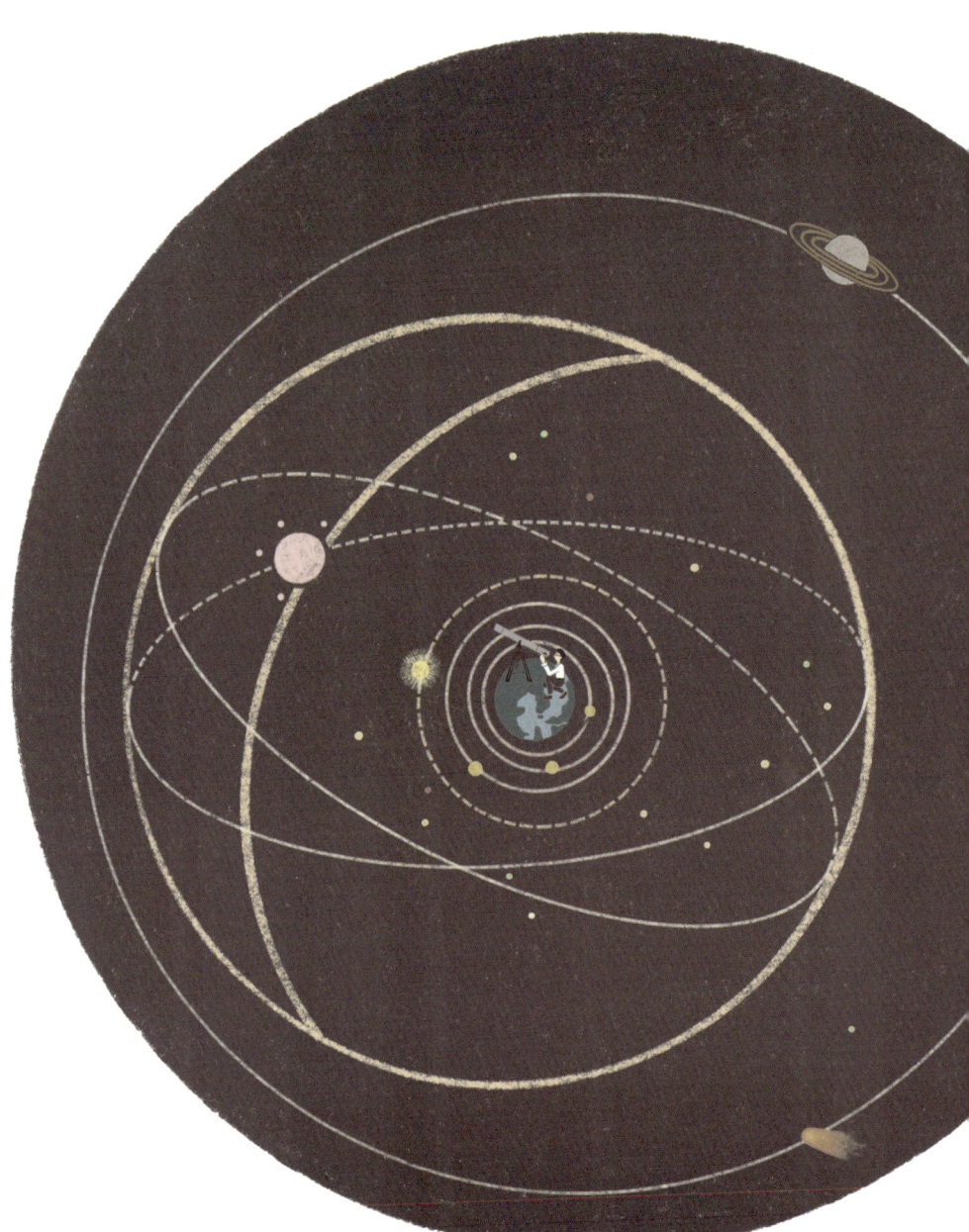

조선에서 천문학을 하시겠다고요?

원철은 천문대에 올라 처음으로 천체 망원경을 들여다본 날이 떠올랐어요. 길이가 어마어마한 망원경에 두 눈이 휘둥그레진 일이며, 렌즈를 찾아 눈을 대기까지 마냥 허둥댔던 일, 렌즈로 확 당겨 온 천체를 보고 놀라서 눈이 마비되던 것 같은 느낌까지!

그날 이후 우주는 늘 다정한 빛으로 원철에게 말을 걸었어요.

- 다른 시간, 다른 공간이 있어.
- 이 광활한 천체의 질서를 찾아볼래?
- 별들은 저마다 지구에 하고 싶은 말이 있거든.

그때마다 원철은 감사했어요.

'하나님! 이 모든 세계를 보여 주시고, 우주의 이치를 찾아보라고 제게 귀한 기회를 주시니 감사합니다!'

기독교인이었던 원철은 하나님께 기도하며 이 모든 감동을 누구보다 조선의 많은 사람들과 나누길 소망했어요.

1926년, 원철은 〈독수리자리 에타별의 대기 운동〉이라는 논문으로 한국인 최초로 이학 박사 학위를 받았어요. 우리 조상들이 일궈 온 천문학을 디딤돌로 딛고, 근대로 나아가는 천문학의 새 길을 연 거예요.

조선으로 돌아온 원철은 가슴이 뛰었어요. 연희전문학교에서 천문학을 연구하고 가르치며 새로운 조선을 꿈꾸었으니까요. 그러나 많은 사람들은 원철에게 실망스러운 이야기부터 했어요.

"조선에는 별은 있지만, 망원경은 없습니다. 조선에서 천문학을 하시겠다고요?"

속상했지만 맞는 말이기도 했어요. 원철이 유학을 가기 전보다 더 깜깜해진 조선이었으니까요.

일본은 조선 사람들이 많이 배우고 똑똑해지는 것이 싫었어요. 안 그래도 영리한 조선인들이 더 뛰어난 능력을 갖게 될까 봐 겁이 났거든요.

특히 대학의 전문 과정에서 과학 기술 분야를 못 배우게 방해했어요. 일제의 노동을 감당할 만큼만 가르치려고 아예 학교 문을 닫게 했지요. 원철이 다녔던 연희전문학교의 수물과도 1923년에 없어졌어요. 조선인의 교육을 일본 마음대로 바꾼 '조선 교육령'을 공포하면서 많은 학교와 학과가 조정된 거예요.

"다행히도 연희전문학교 수물과는 벡커 교수님이

애를 써서 살려 냈습니다만, 일본의 교육 방침은 조선 사람을 아예 바보로 만드는 데 있는 것 같습니다."

원철에게 말하던 이춘호 교수는 그예 한숨을 쉬었어요. 미국 오하이오 주립 대학교에서 수학을 공부하고 돌아온 이춘호 교수는 원철보다 먼저 연희전문학교에서 학생들을 가르치고 있었어요.

고개만 끄덕이던 원철이 물었어요.

"학생들은 어떤가요?"

그제야 밝아진 얼굴로 이춘호 교수가 말했어요.

"보석입니다. 조선 학생들은 다 보석이에요. 영특하기도 하고, 공부도 엄청 열심히 하니까요."

감사하고 또 감사한 일이었어요. 힘든 현실에 주저앉지 않고 나아가겠다고 일어선 학생들이 있으니까요. 그 젊은이들의 손을 잡고 뚜벅뚜벅 조선 과학의 길을 걷겠다고 원철은 다짐했어요.

원철은 우선 상황과 현실에 맞춰 천문학 강좌를 열었어요. 천체 망원경도 없는데 관측이나 연구 자체는 무리였지요. 그러나 원리와 계산은 가르칠 수 있었어요. 천문학이 궁금한 학생들에게 그 이론의 기초부터 찬찬히 가르치기 시작한 거예요. 원철은 별보다 더 반짝거리는 학생들의 눈을 보며 마음을 다잡았어요.

'저 눈에 우주를 꼭 담아야 할 텐데……. 어떻게든 천체 망원경을 들여와야겠어.'

원철이 소원하던 일은 1928년에 일어났어요. 지름 15센티미터 굴절 망원경을 들여와 연희전문학교 언더우드관 옥상에 설치하고 천문대를 열었지요. 드디어 학생들이 직접 별을 관측하며 천문학을 공부할 수 있게 된 거예요.

이 망원경은 우리나라 최초의 천체 망원경이기도 해요. 일본이 기상 정보를 얻기 위해 인천에 두었던 측후소의 천체 망원경보다 조금 앞서 설치되었으니까요.

학생들에게 천체 관측을 지도할 수 있는 유일한 천체 망원경을 원철은 아주 소중히 여겼어요. 학생들이 천체 망원경으로 보는 것은 단순히 별이 아니었어요. 우주를, 세계를, 조선을, 나를 다시 볼 수 있게 해 주었어요.

그 '나'는 이전의 나와는 달랐어요. 과학 기술이라는 놀라운 가능성, 그 한가운데 있는 '나'였으니까요. 이렇게 가슴 뛰는 '나'를 발견하는 학생들 옆에 원철이 있었어요.

어느 날, 학생 하나가 원철에게 잡지를 가져와 보여 주며 말했어요.

"교수님이 발견한 별을 교수님 이름을 따서 '원철성'이라고 부른다는 기사가 실렸어요. 조선인들 모두 이 기사를 보고 가슴이 뭉클했다네요."

하지만 원철은 기사를 읽고 깜짝 놀랐어요.

이원철은 천재라 하리만치 독창성이 있어 수천 년 동안 정예의 과학을 가지고도 수백의 세계 천문학도가 찾지 못하던 유명한 별 한 개를 역학의 힘을 통하여 발견하였다. 이에 대해 천문학자들은 놀라 마지않아서 그 별 이름을 '원철성'이라고 칭한다고 한다.

[삼천리 3호] 중에서 (1929년 12월)

미국에서 학위를 받은 에타별 이야기 같은데, 사실과는 완전히 달랐으니까요. 에타별에 원철성(wonchul star)이라는 별명이 붙긴 했지만, 에타별을 발견한 것은 원철이 아니었어요. 원철이 찾아낸 것은 에타별이 맥동 변광성이라는 발견이었지요. 학생들에게 사실을 설명하다가 원철은 문득 다른 생각이 들었어요.

'내게 천문학을 배우는 학생들이야 내가 일러 주면 알아들을 테지만, 조선의 대중들은 이 이야기를 전혀 알 수 없을 텐데……. 어쩌면 이해 자체가 아니 되어 잘못된 기사가 나왔을 수도 있겠구나!'

그때부터 원철은 대중 과학 강연을 시작했어요. 학생들만이 아니라 조선 사람들 모두에게 과학 지식을 쉽게 전파하기 시작한 거예요.

종로 YMCA(기독교 청년회)에서 열린 원철의 목요

일 강좌에는 늘 사람들로 북적댔어요. 원철은 학생들을 가르치는 수업만큼 아니, 훨씬 꼼꼼하게 준비해서 강의했어요. 쉽고 재미있는 과학 이야기에 많은 사람들이 빠져들었어요.

잡지나 신문에 글을 싣는 일도 마다하지 않았어요. 천문학의 이모저모를 흥미롭게 설명한 과학 칼럼도 연재했지요. 연희전문학교 수물과 이름으로 〈과학연구〉라는 전문지를 펴내기도 했어요.

조선 유일의 천문학 박사 원철의 글은 사람들에게 자랑스러운 조선, 그 자체로 읽혔어요. 이제 과학과 기술은 조선 사람들에게 생활의 한 부분이자 점점 중요한 일이 되었어요.

이원철을 쫓아내라!

1935년, 루퍼스 교수가 다시 조선에 왔어요.
"원철! 정말 그리웠네. 그간 잘 지냈지?"

오랜만에 만난 루퍼스 교수는 환한 얼굴로 인사를 건넸어요. 원철도 활짝 웃으며 반갑게 스승을 맞았지요.

"교수님! 안식년을 조선에서 보내신다니 정말 기뻐요."

그런데 루퍼스 교수는 계획이 다 있었어요. 그간 마음속으로만 존중해 온 조선의 천문학을 좀 더 연구하고 정리해서 학계에 알리고 싶었거든요. 물론 원철과 함께 말이에요.

조선의 천문학에 대한 논문을 쓴다는 루퍼스 교수의 말에 원철은 가슴이 뛰었어요.

"교수님! 우리 조선에 꼭 필요한 일입니다. 그 어느 때보다 더 열심히 하겠습니다."

루퍼스 교수는 오래전부터 조선의 천문도에 관심이 많았어요. 그런데 자료들이 대부분 한자로 쓰여 있어서 아예 읽을 수도 없었지요.

마침 원철은 일곱 살 때부터 한학을 공부한 데다 틈틈이 한서들을 읽어 한자를 잘 알았으니, 그야말로 선조들의 천문학 연구에 딱 맞춤이었어요.

천문학 고서들과 씨름하며 원철은 루퍼스 교수와 함께 '천상열차분야지도'를 해석했어요.

"조선 태조 4년 때, 돌에 새긴 천문도입니다. 하늘에 보이는 모든 별을 담은 전천 천문도로 1,467개의 별과 283개의 별자리가 새겨져 있습니다."

"북반구에서 눈으로 관찰할 수 있는 거의 모든 별자리가 있군!"

루퍼스 교수가 감탄한 목소리로 말했어요.

"중심에 북극을 두고 태양이 지나는 길인 황도와 남북극 가운데로 적도를 나타냈습니다. 그에 따르면 해와 달 그리고 다섯 행성(수성, 금성, 토성, 화성, 목성)의 움직임을 알 수 있고, 그 위치에 따라 절기까지 구분할 수 있습니다."

"정말 놀랍지 않나? 이런 천문도가 1395년에, 그것도 이전에 만들어진 천문도의 탁본을 떠서 다시 만든 것이라니……. 원더풀! 동양의 그 어떤 것보다 자세하고 정확한 천문도야. 조선은 정말이지 놀라운 나라라니까."

'천상열차분야지도'는 중국 남송의 '순우천문도'에 이어 세계에서 두 번째로 오래되었지만, 중국 천문도에는 없는 '종대부'라는 별자리가 있어요. 독자적인 우리만의 천문 관측으로 별들을 더 자세히 발견했던 거예요. 밝기에 따라 크기를 구분해서, 뚜렷하고 섬세하기가 한결 윗길이었지요.

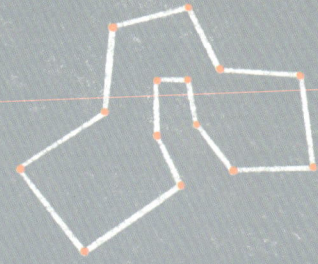

1936년, 루퍼스 교수는 〈한국 천문학사〉라는 논문을 왕립 아시아 학회지에 발표했어요. 삼국 시대와 고려 그리고 조선을 아우른 우리 천문학의 역사를 처음으로 세계에 알린 거예요. 논문 앞장에는 원철에게 특별한 감사의 글을 실었어요.

조선을 식민지 삼고 있던 일본은 원철이 아주 얄미웠어요. 자꾸만 조선의 훌륭한 점을 들춰내는 것도 마음에 안 들었지만, 원철을 따르며 과학 분야에 눈을 뜨는 조선 사람들이 너무 불안했지요.
일본에게 눈엣가시는 원철만이 아니었어요. 외국의 종교와 문화, 교육을 적극적으로 받아들인 학자, 의사, 변호사, 교사, 작가, 목회자 등은 일본이 공공연히 미워하며 감시하는 인물들이었지요. 그들이 자꾸 조선 독립이라는 소망의 씨앗을 퍼뜨리려 했으니까요.

"이원철 교수! 당신을 체포하겠소. 당장 나오시오."

어느 날, 일본 순사들이 몰려와 원철을 강제로 데려갔어요. 원철이 '수양동우회'라는 모임에 들었는데, 이 모임이 일본에 나쁜 일을 했다면서 잡아간 거예요. 종로경찰서로 끌려간 원철은 일본 형사에게 조사를 받았어요.

"수양동우회는 안창호가 만든 거잖아? 안창호는 5년 전에 있었던 윤봉길의 폭탄 투척 사건과 관련이 있는 불순한 자라고. 그와 왜 어울렸지? 수양동우회에서 무슨 일을 했냐고?"

"수양동우회는 안창호 선생님이 조직하시긴 했지만, 허가를 받은 합법 단체요. 이름 그대로 수양하며 함께 성경도 읽고, 기도도 하고, 농촌 계몽 운동도 하는……."

"거짓말! 그럼 이런 건 왜 사람들에게 돌리는 거지?"

일본인 형사가 집어 던진 종이에는 '멸망에 빠진 민족을 구출하는 기독교인의 역할'이라는 한글이 쓰여 있었어요. 실제로 수양동우회가 전국에 있는 기독교 청년회에 뿌릴 인쇄물이었지요.

그때부터 입을 다문 원철은 결국 치안 유지법 위반으로 감옥에 갇혔어요. 연희전문학교의 수물과 교수이자 학감이었던 직책도 모두 빼앗겼지요.

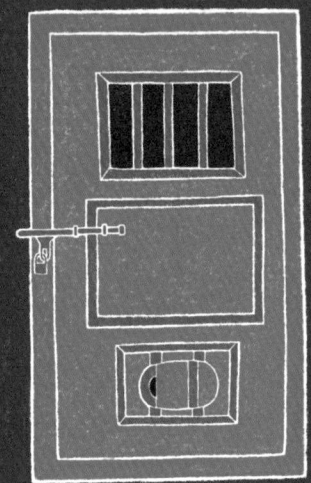
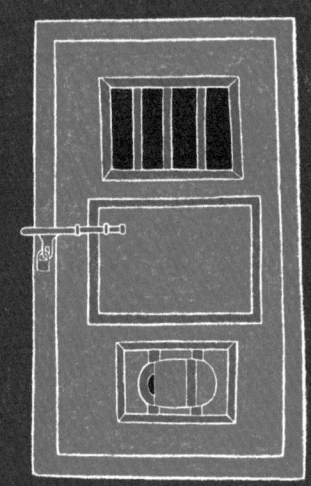
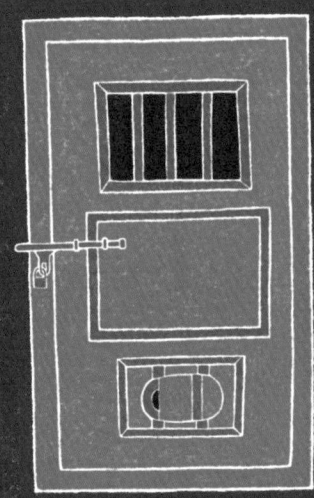

　이때 잡혀간 수양동우회 사람은 180명이 넘었어요. 40명이 넘게 재판을 받고 옥살이를 했는데, 심한 고문에 죽거나 몸이 상한 사람도 많았어요. 안창호 선생도 보석으로 풀려나왔다가 돌아가시고 말았으니까요.

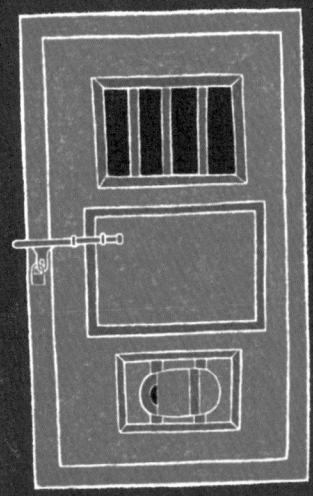
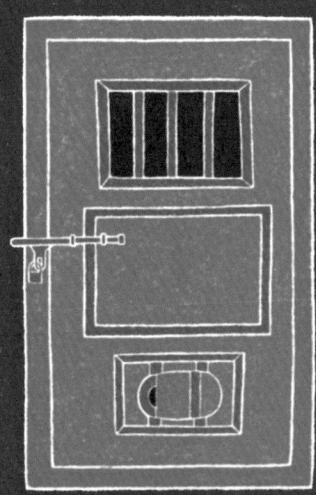
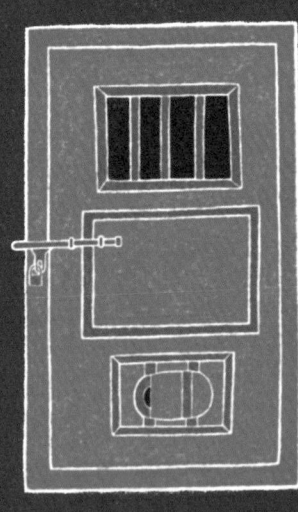

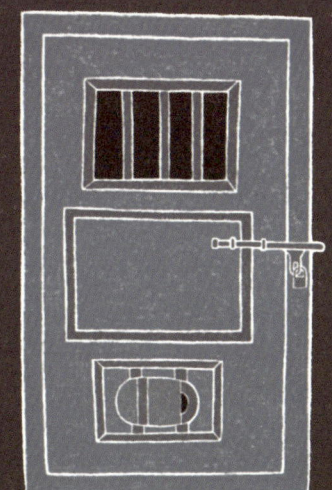
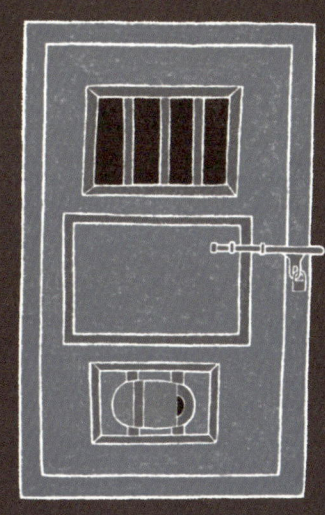

주동자가 아니었던 원철은 감옥에서는 나왔지만 학교로 돌아갈 수는 없었어요. 조선 총독부가 원철이 학생들을 가르치는 일을 허가하지 않았거든요. 오히려 일본은 아주 잘되었다며 원철의 활동을 막아섰지요.

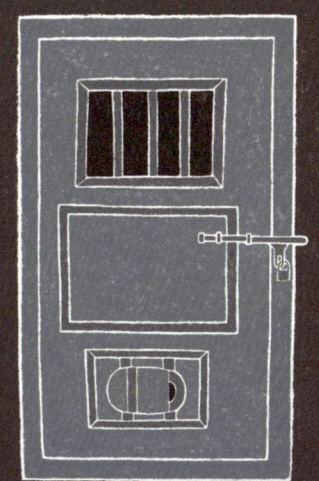
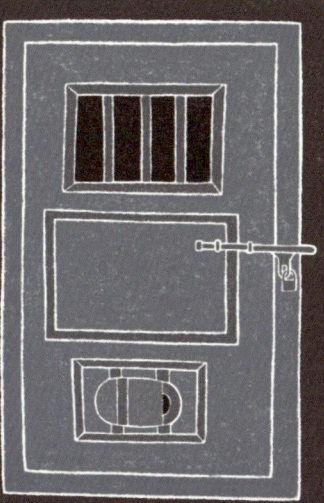
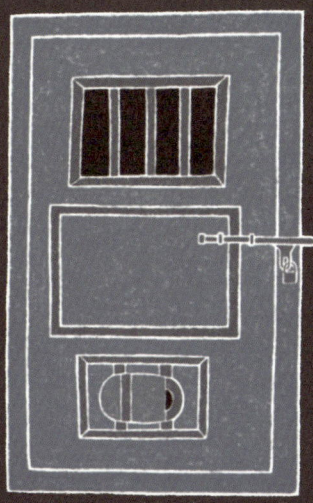

원철이 절망한 만큼 연희전문학교 천문학과도 앞이 깜깜했어요. 실제로 더는 별도 달도 가까이 찾아볼 수 없게 되었어요. 그사이 일본은 원철이 애지중지하던 천문대의 천체 망원경까지 빼앗아 간 거예요. 조선 총독부는 치사한 핑계를 댔어요.

"지금은 비상이요! 일본 제국은 세계와 전쟁 중이라고. 조선인이면 마땅히 대일본 제국에 협조해야지. 이 망원경은 군대에 필요하니 징발해 가겠소."

천체 망원경을 빼앗겼다는 소식에 원철은 손발이 잘린 듯 아팠어요. 그런데 그보다 더 속상한 것은 하나둘 변해 가는 친구들이었어요. 이럴 바엔 차라리 일본과 친하게 지내겠다며 돌아서는 동우회 사람들이 많았거든요.

정말 속상한 일이었지만, 원철은 끝까지 창씨개명(조선인들의 이름을 일본식으로 바꾸도록 강제적으로 규

정한 일)을 거부하며 일본에 저항했어요.

'조선은 일본이 아니며, 조선인은 일본인이 아니니까!'

결국 원철은 조선이 해방되는 1945년까지 8년 간이나 학교로 돌아오지 못했어요.

"오늘도 책만 읽으신 거예요?"

"그렇지."

"무어 재미난 부분이 많아요?"

아내 김화순이 묻는 말에 원철은 그냥 웃기만 했어요. 치과 의사였던 아내가 병원으로 출근하면 원철은 계속 책을 읽었어요. 사실 원철은 얼마 전부터 고서에 푹 빠져 있었어요. 루퍼스 교수와 우리 천문학사를 연구하면서 '관상감'에 마음이 끌렸거든요.

원철은 조선의 천문과 지리, 역수, 측후, 각루 등을

담당했던 관상감에 대한 자료들을 찾을 수 있는 대로 찾아 살폈어요. 기상학을 연구하는 다른 나라의 자료들도 구해 읽었지요.

'관상감은 조선 총독부의 기상대가 되고 말았어. 조선이 아니라 일본에 필요한 하늘을 살피는 일제 관측소에 불과하지. 우리는 조선에 필요한 기상을 살펴야 해. 반드시 조선의 하늘을 찾아야 해!'

우리 하늘은 우리가

　우주를 누비며 별을 찾던 원철의 눈은 이제 조선의 하늘에 있었어요. 좁아진 시야에 속상하지 않을까, 부인이 슬며시 물었어요.
　"천문학에 비하면 기상학은 사람들이 더 모르지요?"

원철은 고개를 저으며 대답했어요.

"아마 기상학은 모든 과학 중 제일 나이가 어린 축에 들 거요. 우리가 사는 지구와 지구를 에워싼 대기 중의 자연 현상을 모두 연구하니까요. 취급하는 범위는 천문학에 비하면 적을지 몰라도, 그 내용은 세기 어려울 만큼 넓고 우리 생활에 가깝기로도 훨씬 더하지요."

1945년 8월 6일, 일본군과 싸우던 미군은 히로시마에 원자 폭탄을 떨어뜨려 승리했어요. 9일 후, 일본 천황이 울며 무조건 항복하겠다는 선언이 라디오에서 흘러나왔어요.

조선 사람들은 거리로 뛰쳐나와 목청껏 소리 질렀어요.

"대한 독립 만세!"

"대한 독립 만세!"

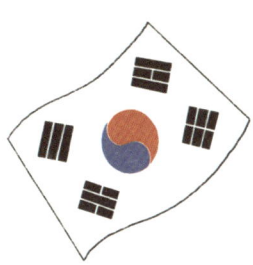

그러나 완전한 독립은 아니었어요. 남한은 미군정이, 북한은 소련군정이, 조선의 독립과 새 나라 건설을 돕겠다며 참견을 시작했거든요.

그 혼란한 틈에 조선 총독부 기상대의 중요한 자료들이 일본으로 빼돌려진다는 사실을 알게 된 원철은 미군정의 존 하지 중장을 찾아가 이야기했어요.

"조선 총독부 기상대의 자료들을 지켜야 합니다. 우리 스스로 기상 관측을 할 수 있도록 관상감을 정비해야 합니다."

원철의 말을 듣고 미군정청은 관상국을 만들고, 원철을 책임자로 임명했어요. 당장은 총독부 시절에 일하던 직원 7명과 원철만으로 이루어진 관상국이었지만 의욕은 대단했어요.

"일본이 했던 대로 하지 맙시다. 천문 기상 관측법을 우리 식으로 바꿀 겁니다. 관측과 예보, 통계를

담당하는 기상 부서 외에 천문과도 설치하겠습니다. 일본식이 아닌 우리의 천문 역서를 새로 제작할 겁니다."

원철의 바람대로 조선의 하늘은 이제 일본이 아니라 조선을 위해 연구되고 관측되었어요. 얼마 후 관상국은 '국립중앙관상대'로 이름이 바뀌었어요.

관상대장이 된 원철은 관상대 실습 학교를 열어 기술 교육부터 시작하여 전국 측후소로 보낼 인력들을 부지런히 키워 냈어요. 또한 체계적인 기상 정보를 모은 일기 예보가 시작되었지요.

연희전문학교에서도 연락이 왔어요.

"이원철 교수님! 학교도 큰일입니다. 교수님이 안 계신 사이, 조선 총독부가 연희전문학교를 몰수했었어요. 적국인 미국이 세운 학교라면서요. 이름도 자기네 마음대로 '경성공업경영전문학교'로 바꾸었었

고요. 다행히 해방 후 학교 이름을 되찾았지만 학교 발전을 위해 할 일이 많습니다."

"안 그래도 소식을 듣고 너무 안타까웠었습니다."

원철은 학교에도 돌아가 힘을 보탰어요. 관상대 일로 강의를 많이 할 수는 없었지만, 대학이 잘 운영되도록 학제를 새로 세우는 데 애썼어요. 기상학과도 새로 만들었지요.

새 시대 새 나라에는 새롭게 세워지고 나아갈 일들이 너무 많았어요. 원철은 감당할 수 있는 모든 일에 쓰임 받고 싶었어요. 그래서 누구보다 열심히 연구하고 행동에 나섰어요.

"대장님! 북한과 중국의 기상 자료를 얻을 수 없으니 참 안타깝네요."

"맞습니다. 일기를 분석하기도 어렵고요."

원철은 관상대 직원들의 푸념을 묵묵히 듣기만 했어요. 1950년 한국 전쟁으로 갈린 남한과 북한은 원수보다 못한 형제가 되었어요. 정말 안타까운 일이었지요.

전쟁 후에 자유 민주주의 대한민국으로 태어난 남한은 힘든 여건 속에서도 나날이 발전하고 있었어요. 원철이 대장을 맡은 관상대도 부지런히 나아가고 있었지요.

"당장은 기상 자료 공유가 가능한 나라들과 좀 더 교류하는 수밖에 없겠습니다. 애써 봅시다. 그러니 각자 공부들을 더 열심히 해야 합니다."

원철이 관상대 직원들에게 제일 많이 하는 말은 "공부 열심히 하고 있나?" 하는 질문이었어요. 스스로 더 많이 배우고, 훈련하고, 연구하라며 의지를 북돋운 거예요.

물론 그 맨 앞에 원철이 있었어요. 원철도 계속 공부했어요. 새로운 이론과 앞선 기술을 살펴 기상 정보를 수집하고 예측하는 수준을 계속 끌어올렸지요.

"현대적 관측 장비를 종류별로 도입할 겁니다. 유엔에서 지원받아 수십 종의 장치와 설비들을 갖추기로 했어요. 그렇게 되면 항공과 해상의 기상 지원 업무도 가능해집니다. 그러니 우리는 공부를 더 열심히 해야 합니다."

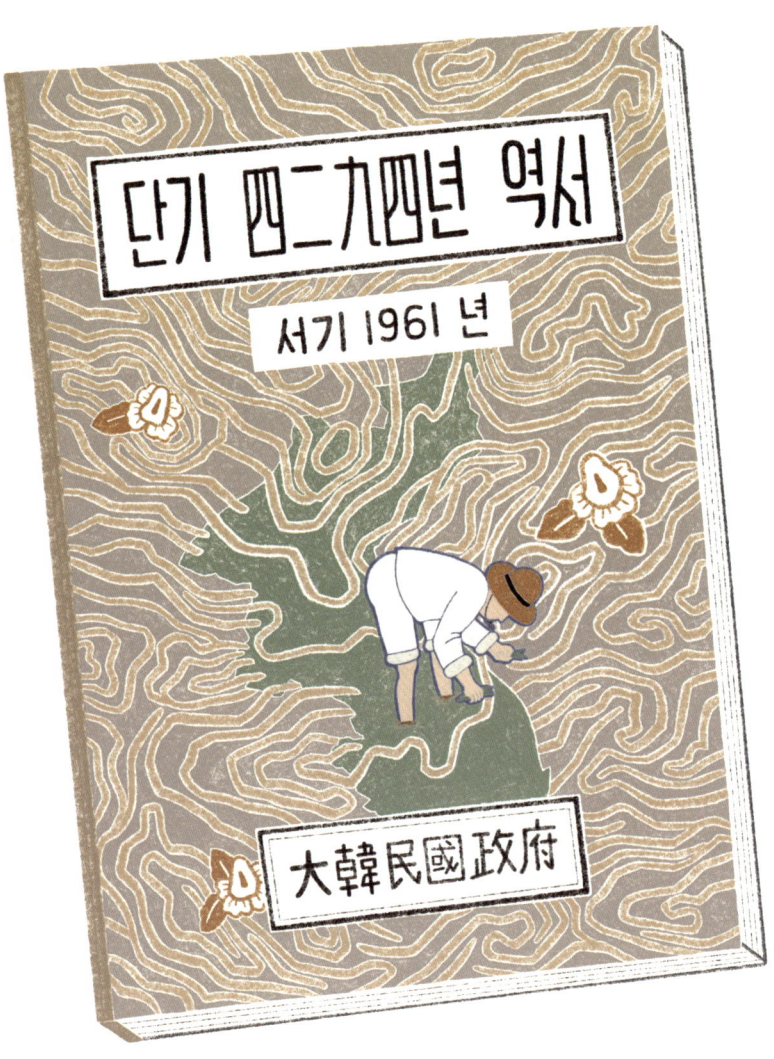

오늘도 관상대 회의는 대장님의 "공부를 더 열심히!"로 마무리되었어요.

원철은 역서를 만드는 일에도 정성을 많이 쏟았어요. 역서란 쉽게 말하면 요즘의 달력과 같은 거예요. 천체 현상을 보고 날짜와 시간을 계산하여 그 결과를 정리해서 책으로 묶어 내지요.

원철은 조선 총독부가 만들었던 일본을 위한 일본에 맞는 역서가 아니라, 대한민국에 가장 알맞은 천문 역서를 만들어 배포했어요. 강연을 가거나 인터뷰를 할 때도 관상대가 만드는 역서 이야기를 빠뜨리지 않았지요.

"무엇보다 태양력의 과학성을 알리는 역서가 되어야 합니다. 과학적인 농업을 위해서도 그것이 옳습니다. 세계적으로도 정확한 기준이 되고, 계절과 시간의 변화에도 맞고요."

원철의 지도 아래 국립중앙관상대는 점점 그 기틀을 튼튼히 잡아 갔어요.

어느 날, 자유당 의원실에서 연락이 왔어요.
"이원철 박사님은 과학자이시니 좀 알려 주세요. 203의 3분의 2는 얼마입니까?"
느닷없는 질문이 이상했지만, 원철은 대답했어요.
"그 답은 135.333333… 무한 소수로 떨어지지요."
"그럼 반올림이 안 되니 버려야 하지 않겠습니까?"
"보통은 십진법에서 그리 반올림을 하지요. 4 이하이면 0으로 버리고, 5 이상이면 0으로 버린 후 윗자리에 1을 더하는 것으로요."
"잘 알겠습니다. 교수님!"
당시에 자유당은 이승만 대통령이 연이어 대통령을 할 수 있도록 법을 고치려고 했어요. 벌써 두 번이나 대통령을 하고도 또 대통령이 되겠다는 억지는 민주주의 뜻과 달라서 많은 국민들이 반대했지요.

국회에서 이 문제를 투표에 부쳤어요. 전체 203명의 국회의원 중 3분의 2에 달하는 136표가 나오면 법을 바꿀 수 있다고 본 거예요.

그런데 하필이면 찬성표가 135표 나왔어요. 1표가 모자라니 법을 못 고치는 것이 분명한데, 자유당은 또다시 고집을 부렸어요. 저명한 과학자나 수학자들에게 물어 "반올림을 하면 135표만으로도 법을 바꿀 수 있다"며, 법을 바꿔 버린 거예요. 실제로 이승만 대통령은 이 일로 또 대통령이 되어 세 번이나 연임을 하였지요.

자유당과 이승만 대통령의 횡포에 국민들은 화가 났어요. 자유당의 주장에 힘을 실어 준 수학자와 과학자들도 비난했지요.

원철도 그중 한 사람이 되었어요. 그런데 원철은 이에 대해 별다른 설명을 안 했어요. 그저 수학적으로 대답했을 뿐이라는 해명도 하지 않았고, 그렇다고 이승만 대통령을 지지한다는 말도 없었어요.

어쩌면 원철은 정치적 의도 따위에는 전혀 관심이

없었을지도 몰라요. 또 어쩌면 대한민국에 이승만 대통령이 좀 더 필요하다고 여겼을 수도 있고, 자유당의 기세에 눌려 의견을 내기 어려웠을 수도 있지요.

중요한 것은 과학이 어떻게 사용되느냐에 따라 사람들과 사회에 큰 영향을 끼친다는 점이에요. 과학은 미래를 이끄는 희망일 수도 있고, 큰 불행이 시작되는 스위치가 될 수도 있어요. 부당한 일의 근거나 위험한 수단으로 쓰이지 않도록 조심해야 해요.

과학자 원철은 평생을 부지런히 배우고 가르쳤어요. 날마다 성실하게 누구를 돕는 쓰임은 신앙에서 나온 소망이기도 했지요.

그래서 바쁜 중에도 YMCA 활동을 꾸준히 이어 나갔고, YMCA 이사장으로 일하기도 했어요. 자식이 없던 원철에게 YMCA의 청년들은 아들이고, 딸

이고, 손자 손녀와 같았어요.

원철은 죽기 전, 전 재산을 YMCA에 기부한다는 유언을 남겼어요. 아내인 김화순 여사도 남편의 뜻을 이어받아 장례식에서 받은 조의금을 모두 장학금으로 기탁했지요. 원철이 읽었던 책들은 대학 도서관으로 보내졌어요.

마지막의 마지막까지 원철은 돈 욕심 없는 과학자로 살았어요. 그러나 매일 했던 기도에서는 욕심을 좀 냈던 것 같아요.

'하나님, 간절히 원합니다! 나를 훌쩍 넘어서는 훌륭한 천문학자들과 기상학자들이 대한민국에 가득하기를……'

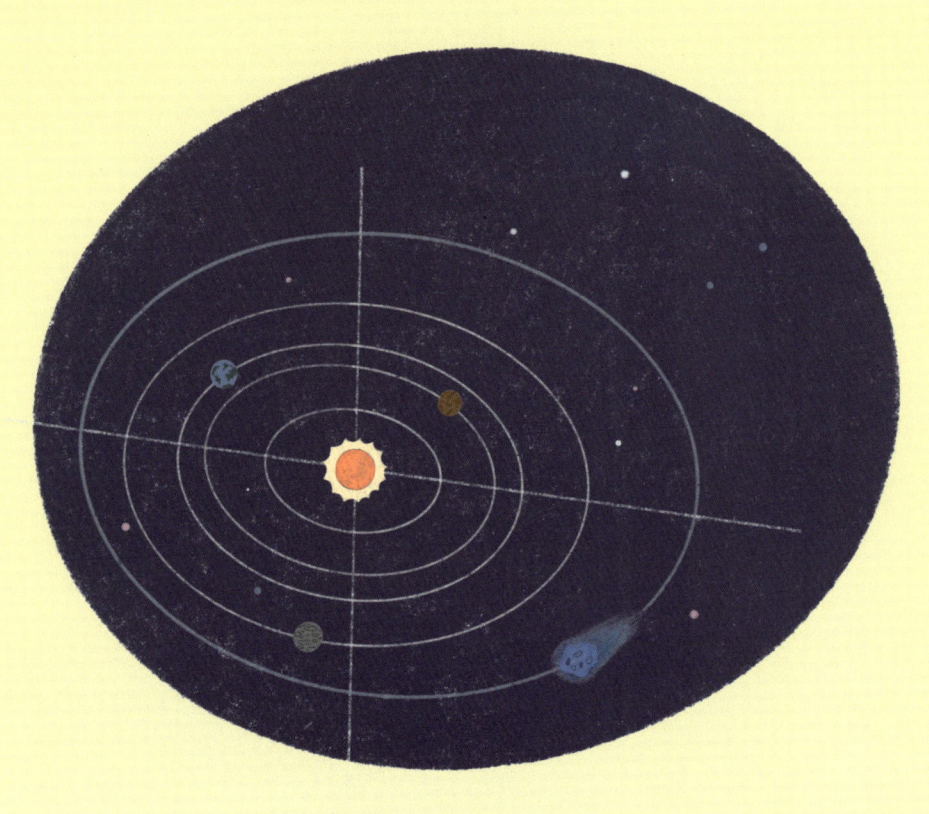

에필로그

안녕!

난 2002년 한국천문연구원에서 발견한 소행성 '2002DB1'이야. 이름이 좀 그렇지?

사실 내 진짜 이름은 '이원철'이야. 나를 발견한 천문학자들이 엄청 존경하는 과학자의 이름을 붙여준 거래. 덩달아 나까지 훌륭해지는 것 같아서 기분이 좋더라! 그래서 더 반짝반짝 빛나기로 했어. 선배를 존경하는 후배들의 마음을 빛내 주려고. 헤헤!

더 알아보기

암울했던 식민지 하늘을 밝힌 과학자
이원철
(1896~1963)

1959년 서울관측소에 처음 설치된 은반직달일사계로
일사량을 관측하고 있는 이원철 박사

이원철은 1896년 서울에서 태어났어요. 어릴 때부터 한서를 많이 읽어 한학에 조예가 깊었으며, 놀라운 기억력과 계산력으로 신동이라 불렸지요.

1915년 연희전문학교(지금의 연세대학교) 수물과(수학 및 물리학과)에 입학하였고, 수학에 뛰어난 재능을 인정받아 학생 신분으로 통계학을 강의하기도 했어요.

이후 그의 재능을 아깝게 여긴 선교사이자 연희전문학교 천문학 교수였던 벡커와 루퍼스의 도움으로 미국에 유학을 가서 천문학을 공부해요. 그리고 〈독수리자리 에타별의 대기 운동〉이라는 논문으로 1926년 한국인 최초로 이학 박사 학위를 받았지요.

한국으로 돌아온 이원철은 연희전문학교 교수가 되어 교육에 전념했어요. 굴절 망원경을 들여와 학교에 천문대를 열어 직접 별을 관측하며 천문학을 공부할 수 있게 했어요. 한편으로는 과학 대중화에도 힘써 YMCA에서 일반인 대상으로 과학 강연도 했어요.

이후 독립운동 단체였던 수양동우회와 흥업구락부에서 활동한 일로 일본 경찰의 조사를 받았으며, 치안 유지법 위반으로 교수직을 잃고 8년간 학교를 떠나게 돼요.

1945년 해방 후, 이원철은 조선 총독부 시절의 기상대를 정비하여 국립중앙관상대로 이름을 바꿔 본격적으로 우리 하늘을 연구하였어요. 관측과, 예보과, 통계과 등 기상 관련 부서를 만드는 것부터 시작하여, 우리나라 기

후에 맞는 역서를 편찬하고, 전국에 측후소를 두어 그곳에 보낼 인재도 열심히 키워 냈어요.

1961년까지 15년 넘게 관상대장으로 일하며 우리나라 기상학과 천문학 선구자로서의 삶을 살았던 이원철은 죽기 전 모든 재산을 사회에 환원하여 마지막의 마지막까지 밤하늘의 별처럼 다른 사람을 위해 빛이 되는 삶을 살았어요.

그의 이런 삶을 기리기 위해 2002년 한국천문연구원이 발견한 소행성 '2002DB1'에 이원철이라는 이름이 붙여졌으며, 나라에서 지정하는 대한민국 과학기술인 명예의 전당에 헌정되었어요.

강화 부근리 지석묘

고인돌에 새겨진 별자리

고인돌은 돌로 만든 선사 시대의 무덤이에요. 우리나라에는 3만 여개나 되는 고인돌 유적이 있는데 그중 강화, 고창, 화순의 고인돌은 유네스코 세계문화유산에 등록되었어요. 고대 유적인 고인돌의 뚜껑돌에 북극성과 주변 별자리가 새겨져 있는 게 발견되었어요. 천문 기기도 없던 시대에 고대인들의 놀라운 천체 관측 수준을 보여 주는 소중한 문화재예요.

무용총의 벽화

무용총은 중국에 있는 고구려 때의 무덤이에요. 무용총 널방(시체가 있는 방)에 있는 벽화가 유명한데, 그 당시 풍습이 자세히 담겨 있어요. 천장 고임 벽화에는 수박희(우리나라 고유 전통 무예), 연꽃, 인면조(사람 머리에 새의 몸을 가진 전설의 동물)를 비롯해 7개의 별자리, 해를 상징하는 세발까마귀와 달을 상징하는 옥토끼 등이 새겨져 있어요.

무용총 주실 북벽 벽화. 중국 길림성 집안시에 있다.

하늘을 연구한 자랑스런 우리 과학 문화재

경주 첨성대
신라 시대 선덕 여왕 때 세운 천문 관측대이며, 동양에서 가장 오래되었어요. 경상북도 경주시에 있어요. 높이는 약 9.5 미터이며, 구조는 기단부(터보다 한 층 높게 쌓은 단), 술병 모양의 원통부, 제일 위쪽의 정상부로 되어 있어요.

개성 첨성대
경주 첨성대만 익히 들어 알고 있지만, 고려 시대 때에도 첨성대가 있었어요. 북한 황해북도 개성시에 있어요. 개성 첨성대는 5개의 주춧돌 위에 기둥을 세우고, 돌마루를 깐 형태로 경주 첨성대와는 모양이 많이 달라요.

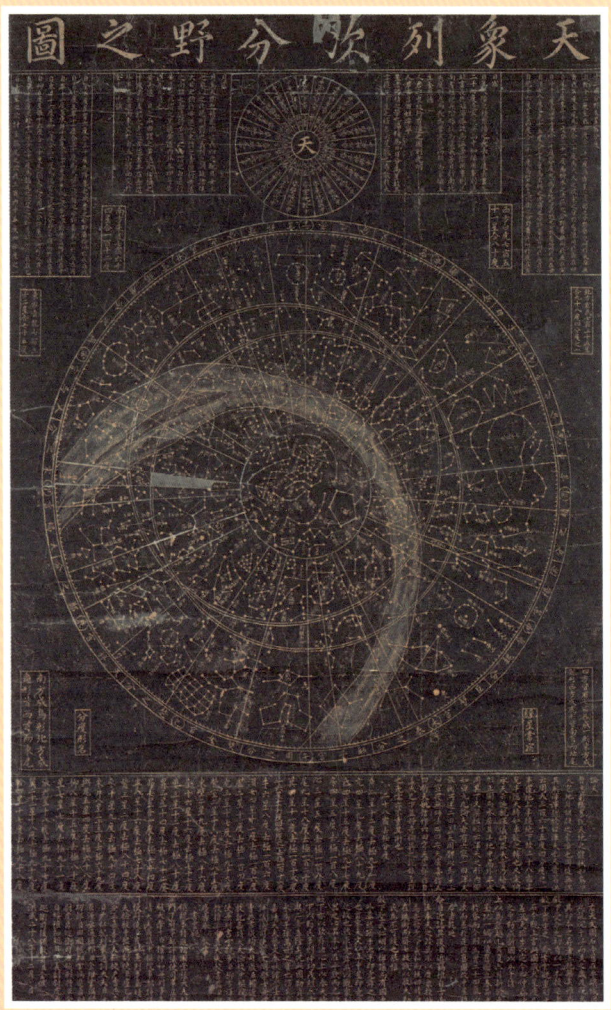

숙종 때에 다시 돌에 새긴 숙종 석각본의 탁본. 성신여대박물관 소장

천상열차분야지도

천상열차분야지도는 돌에 별과 별자리를 새긴 천문도예요. 조선 태조 4년 (1395)에 고구려 시대 때 만들어진 천문도의 탁본을 바탕으로 다시 만들었어요. 중국의 순우천문도에 이어 세계에서 두 번째로 오래된 천문도로, 우리나라 하늘에서 볼 수 있는 1467개의 별과 283개의 별자리가 새겨져 있어요.

장영실이 발명한 천문 관측 기구

장영실은 조선 세종 임금 때의 과학자예요. 양인과 천민이라는 신분 제도가 있었던 조선 시대 때, 노비 신분이었지만 뛰어난 과학 창의력으로 앙부일구, 자격루 등을 발명하여 조선 시대 천문학을 눈부시게 발전시켰어요.

자격루

표준 시간을 알려 주는 물시계. 항아리에 담긴 물이 흘러내리면 부력으로 지렛대가 들어 올려지고, 쇠구슬이 굴러가 종을 쳐 시간을 알려 줘요.

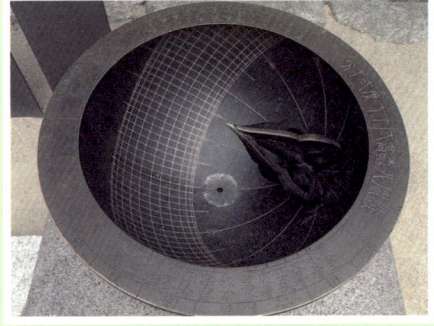

앙부일구

반구 형태의 해시계. 안쪽에 설치된 막대의 그림자 위치로 시각을 측정해요.

 작가의 말

별과 나

이원철은 우리나라 최초로 서양에서 천문학을 공부한 과학자예요. 천문학에서 중요한 가설의 증거가 되는 별을 찾아내고, 그 발견으로 학위까지 받은 훌륭한 천문학자이지요. 사실은 바로 그래서 좀 고민이 되었어요. 나는 과학을 잘하지도, 좋아하지도 않으니 이원철 이야기를 잘 못 쓸 것 같았어요.

그런데 나는 별은 좋아해요. 반짝이고 예뻐요. 아주 멀고 드넓은 우주를 상상하게 하는 신비한 힘도 있고요.

어느 별엔가는 외계인이 살지도 모른다는 생각이 들면 진짜 궁금해져요.

지구에 내가 살 듯이, 우주에 혹은 다른 별에 어떤 존재가 있다는 것ㅡ.

별을 보면 평소에 하지 않던 생각까지 하다가 아주 고요해지기까지 하거든요. 그러다 갑자기, 천문학자인 이원철은 별을 보고 무슨 생각을 했을까, 궁금해졌어요.

일본에게 빼앗긴 조국을 멀리 떠나 밤마다 별을 보던 청년 이원철은 어떤 생각을 했을까요? 천문학도이니까 그냥 별의 거리나 밝기, 진동, 움직이는 속도 같은 것만 관찰했을까요? 그저 별에 대한 수학적 계산만 했을까요?

곰곰 생각해 봤는데 그렇지는 않을 것 같았어요. 아마도 이원철은 별을 보며 과학적인 연구도 했겠지만, 여러 생각도 했을 거예요. 우주라는 새로운 세계, 지구라는 하나의 별, 수많은 나라, 그중에도 기울어 가는 나의 조국, 사랑하는 가족, 앞으로의 삶, 나의 쓸모, 계획, 다짐, 꿈 그리고 감사함도요.

그제야 나는 이원철 이야기를 쓰고 싶어졌어요. 천문학이나 기상학의 업적도 중요하지만, 그 성과를 내기까지 이원철이 했던 생각들, 그 생각을 밀어 간 힘이 더 궁금해졌거든요. 별과 나만 있던 그 밤에, 별과 나눈 생각과 약속들. 매일매일 성실하게 이뤄 간 꿈들이 바로 거기서 태어났겠구나 싶었지요.

이 책을 읽는 친구들도 한 번쯤 별을 천천히 바라보세요. 까만 밤, 나를 찾아오는 별이 분명 여러분의 꿈을 응원할 거랍니다.

유영소